ISO 9001: 2015

Carlos H Hernández

ISO 9001:2015

Entendiendo La Norma ISO 9001:2015

Primera edición en Español, 2018

Serie: Sistemas de Gestión

COPYRIGHT Carlos H Hernández

ISBN-13: 978-1983552342
ISBN-10: 1983552348

Contenido

Introducción. 9

Estructura. 9

    Conceptualización de la Norma. 10

    4.   Contexto de la organización. 11

        4.1.   Comprensión de la organización y de su contexto. 11

        4.2.   Comprensión de las necesidades y expectativas de las partes interesadas.....12

        4.3.   Determinación del alcance del sistema de gestión de la calidad. 14

        4.4.   Sistema de gestión de la calidad y sus procesos. 14

    5.   Liderazgo. 19

        5.1.   Liderazgo y compromiso. 19

        5.2.   Política. 21

        5.3.   Roles, responsabilidades y autoridades en la organización. 23

    6.   Planificación. 24

        6.1.   Acciones para abordar riesgos y oportunidades. 24

        6.2.   Objetivos de la calidad y planificación para lograrlos. 25

        6.3.   Planificación de los cambios. 27

    7.   Apoyo. 28

        7.1.   Recursos. 28

        7.2.   Competencia. 31

        7.3.   Toma de conciencia. 32

        7.4.   Comunicación. 32

        7.5.   Información documentada. 33

    8.   Operación. 34

        8.1.   Planificación y control operacional. 34

        8.2.   Requisitos para los productos y servicios. 35

        8.3.   Diseño y desarrollo de los productos y servicios. 37

        8.4.   Control de los procesos, productos y servicios suministrados externamente. 41

8.5.	Producción y provisión del servicio.	42
8.6.	Liberación de los productos y servicios.	45
8.7.	Control de las salidas no conformes.	45
9.	Evaluación del desempeño.	46
9.1.	Seguimiento, medición, análisis y evaluación.	46
9.2.	Auditoría interna.	48
9.3.	Revisión por la dirección.	49
10.	Mejora.	50
10.1.	Generalidades.	50
10.2.	No conformidad y acción correctiva.	50
10.3.	Mejora continua.	52

SGC Mando de control. 53

Breve diagrama de implementación del SGC. 55

Glosario. 56

Referencias. 58

Introducción.

La actualización de la Norma ISO 9001:2008 a la versión 2015, genero muchas expectativas en los expertos y conocedores de los Sistemas de Gestión de Calidad, incluso hubieron quienes se atrevieron a aseverar el contenido de la misma, esto causó incertidumbre de lo que sería el alcance de la versión 2015.

Muchos e importantes son los cambios, iniciando por el número de cláusulas que pasan de 8 a 10, el análisis y enfoque basado en riesgos, que comúnmente las organizaciones lo manejan fuera del Sistema de Gestión de Calidad, esto para conocer como el contexto de la organización afecta positiva o negativamente el desempeño total de la empresa. Otra parte de mucha relevancia es el de las partes interesadas, donde se pretende que la alta dirección tenga sumamente claro las expectativas de cada una de ellas para poderlas tomar en cuenta o satisfacerlas, nótese como punto relevante que la alta dirección toma un rol más participativo en todo el sistema de gestión de calidad.
Referente al personal, adquiere mayor importancia el conocimiento del personal, dicho conocimiento ha de ser tanto organizacional como relacionado con el puesto de trabajo y las competencias asociadas al mismo. Finalmente todo el enfoque es preventivo por concepto, recayendo en el propio sistema la definición y ejecución de estas acciones.

Este libro explica de forma práctica lo que la organización puede hacer para satisfacer los requerimientos de la nueva norma ISO 9001:2015, explicando desde la cláusula 4 hasta la 10.

Estructura.

La nueva norma ISO 9001:2015 adopta la Estructura de Alto Nivel, que ya siguen otras normas de la familia ISO como: la ISO 2700:2013 de Seguridad de la Información, ISO 14001:2015 Gestión Ambiental, o la ISO 39001:2015 Seguridad Vial. Además, se espera que, a medida que se vayan publicando nuevas actualizaciones, cada vez sean más las normas ISO que adopten esta nueva Estructura de Alto Nivel o HSL (por las siglas en inglés *High Structure Level*), lo que facilitará enormemente la labor integradora.

Los nuevos requerimientos de la estructura son los siguientes:

- Pensamiento basado en el riesgo: el análisis de riesgos y oportunidades va a través de todos los procesos y los requisitos normativos.
- Contexto de la organización: Se debe tener un conocimiento del contexto interno y externo, así como las necesidades y expectativas de las partes interesadas, estas deben ayudar a conducir la correcta definición del campo de aplicación del

sistema de gestión. También hace posible analizar y prever los factores críticos (internos y externos) que pueden afectar la capacidad de la organización para alcanzar los resultados deseados.
- Liderazgo: La alta dirección debe mostrar liderazgo y compromiso para que la implementación del sistema de gestión este integrado en los procesos de gestión estratégica de la organización.
- Planificación: Permite a la organización realizar las oportunidades ofrecidas por el contexto de referencia, analizar los riesgos relacionados y prevenir impactos negativos que puedan afectar el logro de los objetivos.
- Información documentada: Cada organización puede elegir las formas más adecuadas de preparar y conservar documentación relacionada con sus operaciones.
- Gestión del conocimiento: El conocimiento y habilidades de las personas son elevadas a la condición de requisito, se consideran un elemento de clave para lograr los objetivos de la organización y no perder el conocimiento acumulado de la organización.

Conceptualización de la Norma.

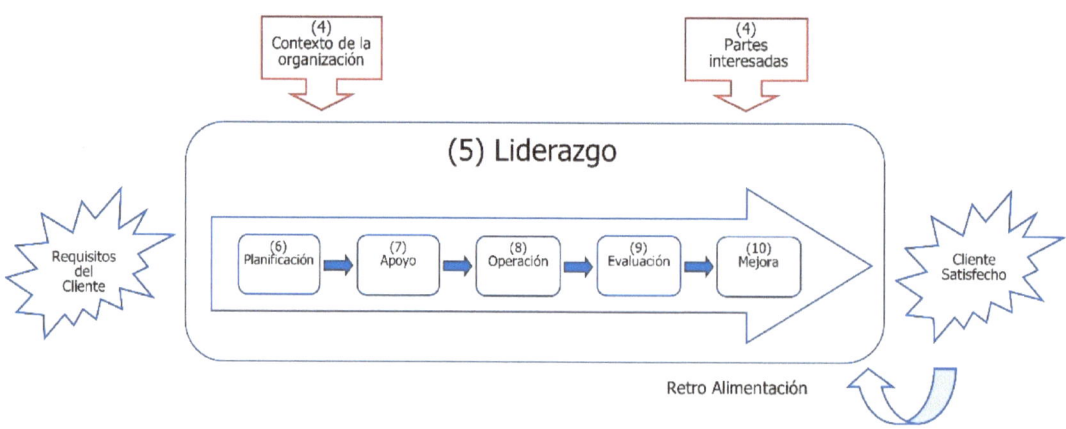

4. Contexto de la organización.
4.1. Comprensión de la organización y de su contexto.

La organización debe entender claramente los factores internos y externos que son relevantes al propósito de la organización y su dirección estratégica que puedan afectar a la organización positiva o negativamente. Las revisiones de contexto deben llevarse a intervalos planificados y revisarse en la Revisión por la Dirección.

Las fuentes de información para los factores internos y externos pueden de provenir de diferentes fuentes: Información pública, documentación interna y reuniones, publicaciones, reuniones con clientes, etc.

La técnica más utilizada para comprender el contexto de la organización se llama FODA, donde se analizan las Fortalezas, Oportunidades, Debilidades y Amenazas. Comúnmente es complementada con el Análisis PESTLA, este análisis ayuda en entender los factores externos que pueden incidir en la organización.

Para el análisis de mercado se puede utilizar el análisis de las 5 fuerzas competitivas de Michel Porter.

Ejemplo de Matriz FODA

Factores Internos	Factores Externos
Fortalezas • Líderes en el mercado. • Alta capacidad de innovación. • Excelente red de distribución. • Convenios con cliente a mediano plazo. • Excelente infraestructura operativa. • 80% en participación del mercado.	Oportunidades • Empresas de la región están abordando mercados locales. • Firma de nuevos tratados comerciales con países fuera de la región. • Diversificación de proveedores en la cadena de abastecimiento. • Zona geográfica con demanda creciente.
Debilidades • Dificultad para encontrar operadores capacitado en nuevas tecnologías. • Desempeño global de la organización con tendencia negativa. • Falta de un programa de capacitación.	Amenazas • Pronósticos de inflación por incrementos en petróleo. • Dificultades en acceso a créditos empresariales. • Situación política de país inestable. • Nuevas regulaciones para la industria. • Ingreso de productos importados con menores costes.

Estos factores externos e internos deben ser de mucha utilidad a la hora de plantear las Estrategias Corporativas de la organización, normalmente las estrategias pueden de ser 4 categorías: Ofensivas, Defensivas, Adaptativas y de Supervivencia. También, es muy saludable que a la hora de efectuar este análisis participen los líderes de cada proceso a fin de no omitir detalles que puedan afectar el buen desempeño del SGC.

Este análisis debe quedar documentado y efectuarse de forma regular de acuerdo a lo planificado por la alta dirección.

4.2. Comprensión de las necesidades y expectativas de las partes interesadas.

Importante definir quiénes son las partes interesadas, que impacto pueden tener en la organización, que influencia tienen sobre el SGC, por lo que deberán ser consideradas a la hora de realizar la planificación del SGC.

Así, puede considerarse como partes interesadas al conjunto de factores tanto internos como externos que pueden ejercer alguna influencia positiva o negativa sobre la organización.

La organización debe considerar en las partes interesadas la posible influencia o impacto en el desempeño de la organización y en las decisiones, la habilidad que tienen para crear riesgos y oportunidades, la influencia que tienen en el mercado.

Ejemplos de partes interesadas:

Clientes.
Usuarios finales o beneficiarios.
Dueños y accionistas de la empresa.
Banqueros.
Proveedores externos.
Empleados y otras personas que trabajen en nombre de la organización.
Autoridades legales y reglamentarias (locales, regionales, estatal/provincial, Nacionales o internacionales).
Uniones de trabajadores.
Organizaciones sociales o comunitarias.
Comercio y asociaciones profesionales.
Organizaciones no gubernamentales.
Actividades de la los vecinos.
Competidores.

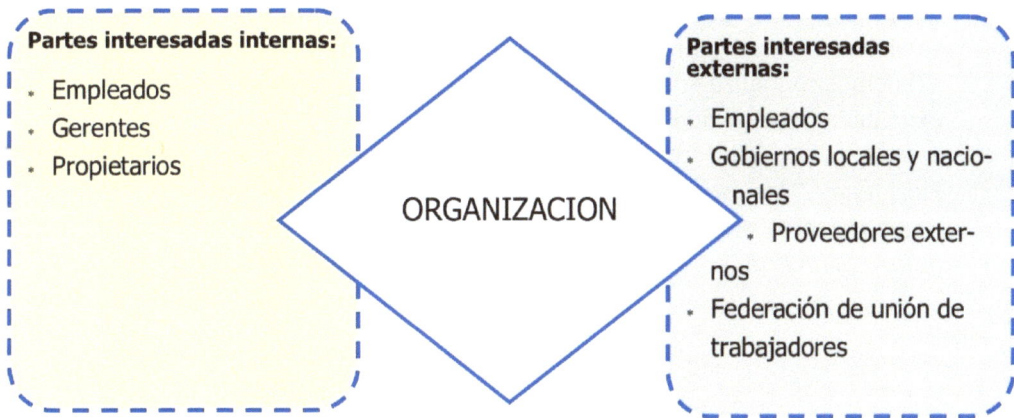

Se debe reconocer los requisitos de las partes interesadas vinculados al SGC, se pueden resumir en una tabla ejemplo como la siguiente:

Relación de las partes interesadas con el SGC

Parte Interesada	Requisitos para el SGC	Relación con el SGC
Clientes	Precios de los productos	Lista de Precios autorizada
	Condiciones de entrega de productos	Lista de requisitos de embalajes de los clientes
Banqueros	Pago mensual de cuotas de financiamientos	Amortizaciones en proyectos

Llevar una evaluación de cómo la parte interesada puede afectar a nuestra capacidad para cumplir los requisitos con clientes, legales, propios y de la norma.

Requisitos del cliente: Reúnes las expectativas y las necesidades que tienen nuestros clientes.
Requisitos legales: Es un requisito que determina un organismo normativo.
Requisitos propios: Los que debemos cumplir basados en el funcionamiento operativo de la organización.
Requisitos de la Norma: Debes exigidos por la Norma ISO 9001:2015.

Para determinar la importancia de cada una de las partes interesadas, podemos hacernos las siguientes preguntas:

¿Es capaz la parte interesada de paralizar nuestras operaciones?

¿Es posible que la parte interesada modifique nuestro proceso o nuestros bienes o servicios?
¿Tenemos confianza en la parte interesada para que colabore en largo plazo con el éxito de la organización?

Finalmente, La organización debe documentar, monitorear y revisar los requerimientos relevantes de las partes interesadas y revisarse durante la Revisión por La Dirección.

4.3. Determinación del alcance del sistema de gestión de la calidad.

El alcance del SGC debe determinarse en base al contexto de la organización, los requerimientos relevantes de las partes interesadas y los productos que son provistos por la organización. Este alcance debe definir claramente las fronteras del SGC considerando la infraestructura de la organización, los diferentes sitios y actividades, políticas comerciales y estratégicas, así como la definición de los productos y servicios.

Este alcance debe mantenerse como información documentada, debe incluir detalles de productos y servicios cubiertos, también la justificación de cualquier requerimiento que es considerado como no aplicable.

El alcance del SGC debe estar en total coherencia con la Visión, Misión y Valores de la organización.

4.4. Sistema de gestión de la calidad y sus procesos.

4.4.1. Lo que se busca en esta cláusula es que la organización determine los procesos necesarios para que el SGC esté de acuerdo a lo plasmado en el alcance definido, se deben incluir todos los procesos principales más los de apoyo. El nivel el cual los procesos necesitan ser detallados puede variar de acuerdo al contexto de la organización y del pensamiento basado en riesgos. La gestión del riesgo planteada sustituye a la que se han conocido hasta ahora cómo acciones preventivas.

Importante que como primer paso se debe realizar un diagrama de contexto, en cual se pueda ver la interrelación de los procesos principales con las partes interesadas.

Un proceso se identifica por los productos que genera y se mide en función de los resultados que produce.

Una forma práctica de definir un proceso es utilizando el modelo "PEPSC"

Es un modelo usado para identificar y aclarar lo que se necesita para crear el producto o servicio:

Proveedores: Entidades que proveen entradas al proceso tales como materiales, información, y recursos. Use las entradas del proceso para identificar los proveedores.

Entradas: Todos los materiales, información y soporte (tangible o intangible) que se necesitan para apoyar el proceso. Una buena manera de decidir si vale la pena agregar una entrada al proceso o no, es preguntarse "es esta entrada medible" y "¿qué pasa si esta entrada es omitida?".

Proceso: Éstas son las actividades o acciones necesarias para convertir las entradas en salidas. Una manera de revisar si algo es un proceso es ver si puede ser descrito como una acción. Algunos ejemplos son medir, fluir, mezclar, cortar y probar, etcétera.

Salidas: Los resultados tangibles de un proceso. Cada salida del proceso debe tener medida o ser medible.

Clientes: Las personas o entidades para quien la salida es creada.

Esquema conceptual de PEPSC

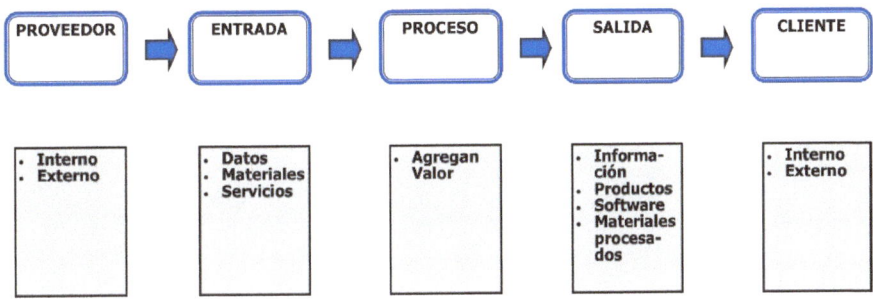

Ejemplo de Diagrama de Contexto – Diagrama de flujo de alto nivel

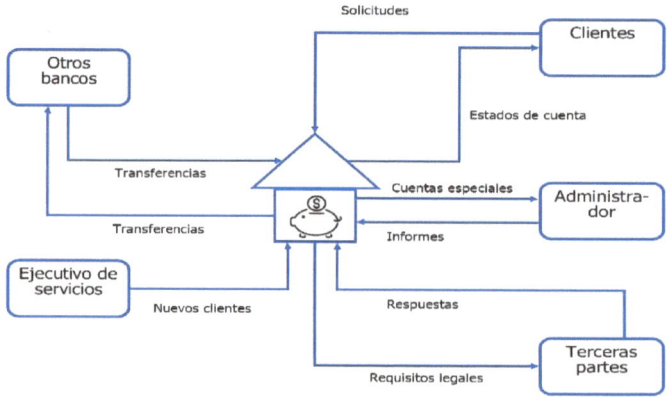

Es imprescindible iniciar la diagramación de procesos desde el diagrama de más alto nivel en la organización e ir explosionando estos niveles hasta llegar a cierto nivel de detalle que deje claro cómo operan cada proceso dentro de la organización.

Es vital que la organización este clara en el flujo de los procesos importantes y determinantes en la operatividad de ella. Paro ello es necesario detallar los flujos:

Ejemplo de un flujo de una compañía industrial

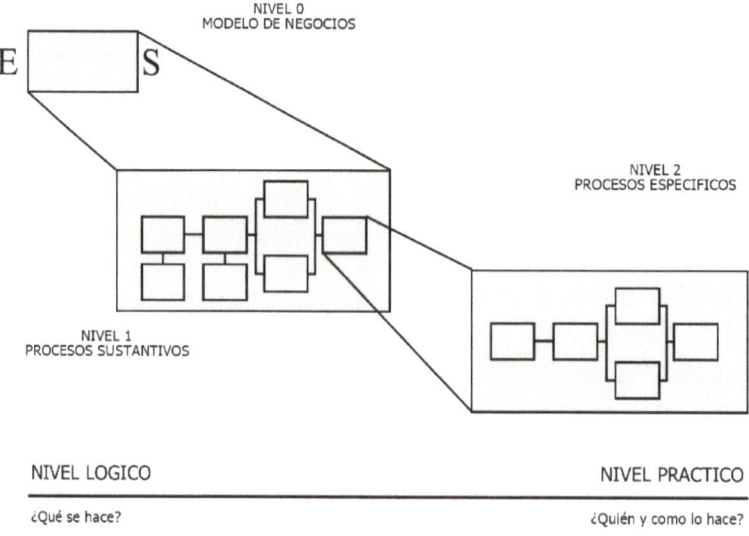

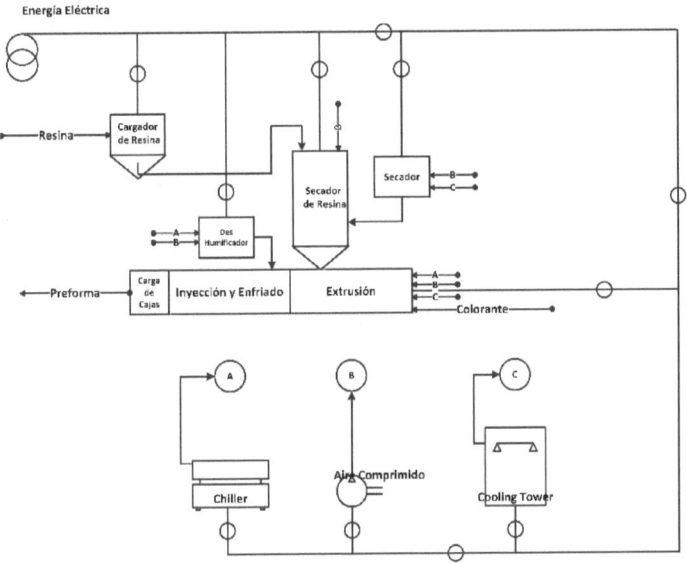

Ejemplo de Diagrama de Tortuga – Comúnmente usado para gestionar y detallar procesos

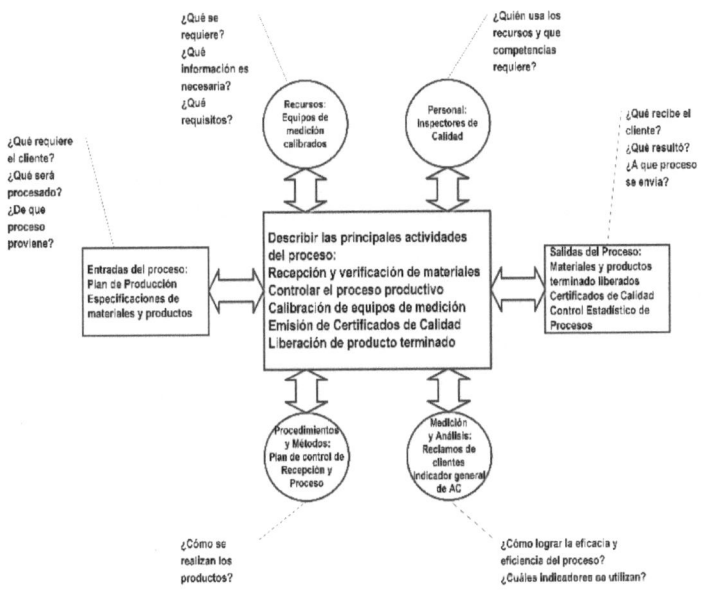

En esta etapa se deben identificar los riesgos en cada proceso, efectuar su análisis y evaluarlo, para luego definir como se tratará.

La identificación debe incluir todos los riesgos ya sea que estén o no bajo el control de la organización. El objetivo es generar una lista global de eventos que podrían afectar cada elemento de la estructura a la que se hace referencia.

Una vez que se haya identificado una lista global de eventos, es necesario considerar sus posibles causas y escenarios. Existen muchas formas en las que se puede iniciar un evento. Es importante que no se emitan las causas significativas.

Se debe identificar la gestión, los sistemas técnicos y procedimientos existentes para controlar el riesgo y evaluar sus fortalezas y debilidades.

También definir la metodología para priorizar los riesgos encontrados y finalmente definir como se tratarán cada uno de los riesgos:

- Eliminar: Eliminar la causa (No siempre es posible)
- Transferir: Que otra parte soporte parte del riesgo (Pensar en que nuevos riesgos ocasiona este cambio)
- Reducir: Tomar medidas tendientes a reducir la probabilidad de ocurrencia y/o impacto (No siempre implica costos financieros adicionales, incluso puede ahorrar dinero)
- Asumir: Aceptar el riesgo inherente o las oportunidades (Pero conociéndolo)

4.4.2. La organización debe asegurar que tiene documentada toda la información que considera relevante para su apropiado funcionamiento.

Los líderes de cada proceso deben revisar la información usada en su proceso y constatar que está actualizada y es apropiada (que de valor al proceso). Esta información debe ser revisada, mejorada periódicamente y mantenerse actualizada.

Finalmente cada proceso debe retener los registros que demuestren la conformidad y tener confianza que el proceso está realizando las actividades y obteniendo los resultados según lo planeado.

La documentación que debe apoyar a cada proceso varía de acuerdo a la naturaleza de la organización pero esta debe de ser de ayuda para lograr los objetivos establecidos en el proceso. La información documentada puede ser: Leyes y reglamentos externos, Políticas internas, Procedimientos, Instrucciones de trabajo, Registros, Manuales, Sistemas de información,

Diagramas de procesos, Especificaciones, Actas de reuniones, Parrilla de indicadores de desempeño, Correos electrónicos, etc.

Aquí se pone de manifiesto la gestión por procesos, que es uno de los aspectos en los que ISO 9001:2015 pone especial énfasis. En relación a ello la organización debe concretar los procesos necesarios para el Sistema de Gestión de la Calidad y su aplicación.

5. Liderazgo.
5.1. Liderazgo y compromiso.

5.1.1. Generalidades.

Se debe asegurar que la alta gerencia demuestre liderazgo, compromiso, interés, promoción, involucramiento en el SGC, también debe comunicar y monitorear el desempeño del mismo.
La alta gerencia de una organización puede incluir: CEO, Junta de Directores, Gerencia General, Directores ejecutivos, Comité de Gerentes o simplemente el dueño si se tratase de negocios pequeños.

Se debe promover el pensamiento basado en riesgos, asegurándose en la efectiva interacción de los procesos con un diseño sistemático para lograr un efectivo flujo de entradas y salidas y cooperación entre ellos, esto basado en riesgos y oportunidades.

Cada proceso debe tener claramente definido los riesgos que puedan ocasionar que su proceso no sea efectivo, que esté en riesgo de no cumplir expectativas y causar daño a otros proceso relacionados, también que hará para evitarlo y acciones a tomar en caso que se conviertan en una realidad.

Hay muchas metodologías para analizar riesgos, personalmente recomiendo que sigan la metodología que propone la ISO 31000, posteriormente editare una guía para analizar riesgos.

Lo importante de la metodología seleccionada es que identifique si es un riesgo es positivo o negativo, cuál es su causa, que diga cuales son los impactos en los resultados, cual es la probabilidad o plazo de ocurrencia, así de esta forma se podrá elaborar una Plan de Adecuación de Riesgos y Oportunidades.

La alta gerencia tiene el poder de delegar autoridad y proveer todos los recursos a la organización para el correcto desempeño del SGC, proveyendo los recursos y verificando que siempre estén disponibles, a fin de garantizar que cada proceso sea capaz de cumplir sus objetivos.

El liderazgo efectivo y comprometido puede conducir a entender mejor a las personas en la organización y como ellos contribuyen a que el SGC alcance los resultados.

Cabe recordar las características de un líder basado en principios: Aprende constantemente, está orientado al servicio, irradian energía positiva, creen en otras personas, se mueven en balance, enfocan su vida como una gran aventura, entienden y practican la sinergia, y practican la renovación personal, finalmente lideran los proyectos de mejora de la organización.

Esquema de un liderazgo efectivo

5.1.2. Enfoque al cliente.

La alta gerencia garantiza que los objetivos de mejora de la organización estén en concordancia con las necesidades y expectativas de los clientes.

Mide la satisfacción de los clientes y actúa sobre los resultados, sean estos favorables o desfavorables. Es necesario que la organización se retroalimente con esta información, de esta manera puede planificar mejoras en los productos y servicios.

Analiza y estudia las expectativas de los clientes, anticipándose. Después la organización puede diseñar los productos y planificar la distribución o comercialización.

Comunica y permite que todo el personal entienda las necesidades y expectativas de los clientes. Es importante que cada integrante de la empresa comprenda que dependiendo de cómo realice su trabajo la satisfacción de los clientes se verá afectada positiva o negativamente.

Desarrolla una gestión sistemática de las relaciones con los clientes. Las relaciones comienzan desde la atención comercial de primer contacto hasta el servicio post-venta.

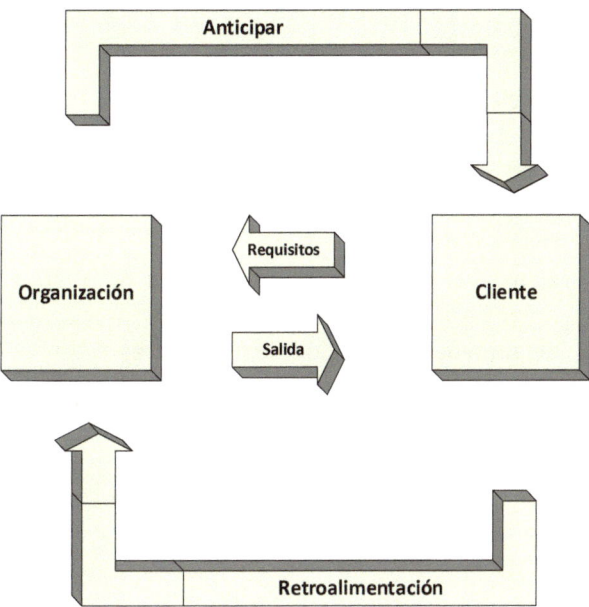

5.2. Política.

La política de calidad proporciona las intenciones y direcciones que da la Alta Dirección, esta política debe estar alineada con los objetivos estratégicos y de calidad de la organización, en otras palabras debe apoyar el propósito de la organización.

5.2.1. Establecimiento de la política de la calidad.

Para realizar una buena política de calidad es recomendable contestar a estas simples preguntar que podrán ser muy útiles:

¿Qué hacemos?
¿Cuáles son nuestros productos o servicios?
¿Quién es nuestro cliente ideal?
¿Cuáles son las necesidades de los clientes podemos cubrir?
¿Qué nos diferencia de nuestra competencia?

Una buena política de calidad hace referencia al cumplimiento legal aplicable a la organización.

A fin de establecer la política de calidad, las entradas a considerar pueden ser las siguientes:

- Un claro entendimiento del contexto de la organización, incluyendo el actual desempeño de su sistema de gestión y las necesidades y expectativas de las principales partes interesadas.
- La dirección estratégica de la organización, basada en su misión, visión y sus valores.
- El nivel y tipo de mejoras futuras necesarios para el éxito de la organización.
- El grado de satisfacción de los clientes.
- Los recursos necesarios para obtener los resultados esperados.
- Las contribuciones potenciales de las partes interesadas.

La Política de Calidad debe de ser revisada para su continua adecuación y debe proporcionar un marco de referencia para revisar y establecer los objetivos de calidad periódicos.

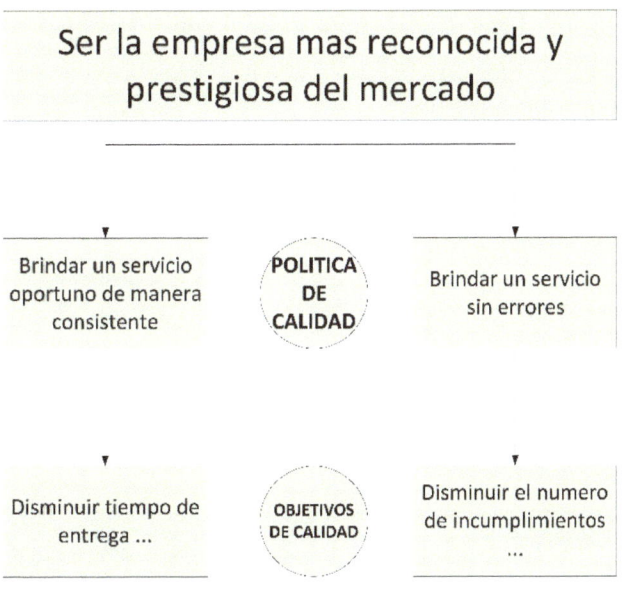

5.2.2. Comunicación de la política de la calidad.

La organización debe asegurarse que la política de calidad debe ser comunicada a todo el personal, clientes, proveedores y partes interesadas.
La comunicación debe ser hecha por medio de letreros a través de todas las dependencias de la organización y en el portal web de la organización.
Se debe asegurar que es entendida y comprendida por todo el personal y principalmente que el personal tenga claro como aporta para que dicha política sea efectiva en todos los procesos.

5.3. Roles, responsabilidades y autoridades en la organización.

La alta dirección de la organización asigna los roles relevantes en relación al SGC, a fin de asegurar la efectividad y alcanzar los resultados esperados. Necesita establecer responsabilidades específicas y autoridad para los roles y asegurar que las personas de la organización entienden sus asignaciones a través de una comunicación efectiva.

Los roles y las responsabilidades deben de quedar definidos en un organigrama y un manual de funciones y responsabilidades, de esta forma la alta dirección establece los roles para el buen funcionamiento del SGC y evitamos clientes insatisfechos, oportunidades de negocio perdidas, confusión y mal clima interno.

Además, de pérdidas de tiempo innecesarias, trabajadores insatisfechos e improductivos.

Para definir roles y responsabilidades existe una técnica llamada Matriz RACI, que es una matriz de la asignación de responsabilidades (RACI por las iniciales de los tipos de responsabilidad) se utiliza generalmente en la gestión de proyectos para relacionar actividades con recursos (individuos o equipos de trabajo). De esta manera se logra asegurar que cada uno de los componentes del alcance esté asignado a un individuo o a un equipo. También existen técnicas similares: Matriz RASCI, Matriz RACI-VS, las cuales son variaciones de RACI donde se asignan roles adicionales.

Ejemplo de Matriz RACI

MATRIZ RACI			
ACTIVIDAD	PERSONA		
	CASTRO	DUEÑAS	RIQUELME
Realizar la lista de requisitos	A	R	I
Diagrama de casos de uso y actividades	I	I	R
Acta de instalación de software	A	R	C
Reporte de fallas	A	C	R
Acta de capacitación de equipo de trabajo	R	I	C
Manual de usuario	I	R	C
Acta de puesta en producción	C	I	R
Acta de monitoreo	C	I	R
Acta de cierre	A	R	I
R: Responsable de ejecución A: Responsable último C: Persona a consultar I: Persona a informar			

6. Planificación.

6.1. Acciones para abordar riesgos y oportunidades.

La administración de riesgos es una actividad vital en la planificación del SGC, las acciones llevadas a cabo para abordar los riesgos y oportunidades deben ser proporcionales al impacto potencial en la conformidad de los productos y los servicios.

Las opciones para afrontar los riesgos pueden incluir: evitar riesgos, asumir riesgos para perseguir una oportunidad, eliminar la fuente de riesgo, cambiar la probabilidad o las consecuencias, compartir el riesgo o mantener riesgos mediante decisiones informadas.

Las oportunidades pueden llevar a la adopción de nuevas prácticas, lanzamiento de nuevos productos, apertura de nuevos mercados, contacto con nuevos clientes, establecimiento de asociaciones, uso de nuevas tecnologías y otras posibilidades deseables y viables para abordar las necesidades de la organización o las de sus clientes.

Los riesgos son de tipo operacional, es decir, riesgos que se encuentran muy relacionados a los procesos, actividades u operaciones que se realizan por la empresa. No se habla ni de riesgos laborales ni de riesgos que suceden en situaciones de emergencia.

Alguna metodología que se puede utilizar para gestionar los riesgos son:
- COSO
- AMFE
- IRM
- ISO 31000

Ejemplo Estructura COSO

Componente COSO	Nivel de entidad	Nivel de Proceso
Ambiente de control	Generalmente a nivel de entidad	No al nivel de procesos
Evaluación del riesgo	Evaluación de riesgo comercial a alto nivel	Afirmaciones y balance de cuentas
Monitoreo	Auditoria interna, autoevaluación	Monitoreo incorporado en controles a nivel proceso
Información y comunicaciones	Sistema informático, comunicación de roles y responsabilidades en la entidad	Dentro de un proceso como parte de un control
Actividades de control	Existe principalmente en el nivel de proceso	Existe principalmente en el nivel de proceso

Ejemplo Matriz AMFE

Componente	Función	Modo potencial de falla	Efecto potencial de falla	Severidad	Causa potencial de falla	Ocurren	Controles actuales de	Controles actuales de detección	Detección	NPR	Responsable / Fecha	Acciones recomendadas	Acción tomada	Severidad	Ocurren	Detección	NPR
Foco 100 W	Transforma energía eléctrica en lumínica para iluminar área	Quemado	Un foco no ilumina	10	Foco de mala calidad	5	No hay	No hay	10	500	CH/ Mar 18	Seleccionar proveedor certificado	Efectuada	1	1	1	10
		Insuficiente	Iluminación insuficiente	8	Foco de menor potencia	5	No hay	Lista de verificación	2	80	AH/ Mar 18	Seleccionar proveedor certificado	Efectuada	8	2	1	16
				8	Foco no cumple con especs	8	No hay	No hay	4	256	PH/ Mar 18	Seleccionar proveedor certificado	Efectuada	10	1	1	8

6.2. Objetivos de la calidad y planificación para lograrlos.

6.2.1. El establecimiento de los objetivos de calidad es una de las tareas más importantes durante y después de la implantación de un sistema de calidad, Los objetivos de la calidad deben de ser establecidos a las funciones relevantes, niveles y procesos de la organización, deben ayudar a la mejora del desempeño de la organización. Se dice que deben de ser SMART

(Específicos, Medibles, Alcanzables, Relevantes, Tiempo definido). Deben ser actualizados como sea necesario.

Se debe tener claro que es una estrategia, un objetivo y una meta.

Implementar un SGC es una estrategia que tiene como objetivos: aumentar la satisfacción del cliente, disminuir quejas, ganar participación de mercado, lograr procesos más eficientes, etc.

Relación objetivos y metas

Objetivo	Meta
Ganar participación de mercado	- Bajar costos de fabricación en un 7%. - Aumentar clientes en un 10% en países vecinos.
Disminución de costos de transporte	- Sustitución de flota de camiones en un 15% el primer año y un 10% el segundo año.

6.2.2. Normalmente los objetivos y las metas de gestión están relacionados con un indicador, estos deben de ser controlados con un programa que puede tener la siguiente estructura.

OBJETIVO	DESCRIPCION	RESPONSABILIDAD	PLAZO	RECURSOS	META Y SEGUIMIENTO	INDICADOR DE META
Ganar participación de mercado	Establecer pautas en la organización para aumentar la presencia de nuestros productos en el mercado	Jefe de Mercadeo: Renovar contratos de exclusividad con clientes actuales y nuevos Jefe de ventas: Ampliar la frecuencia de visitas semanales Dirección general: Crear juntamente con agencia publicitaria Jefe de Logística: Mantener el inventario con productos de acuerdo al plan de ventas	Marzo 2018	Humanos: 2 horas semanales en la re estructuración de rutas para aumentar frecuencia de visitas Económicos: De acuerdo al presupuesto establecido de la compañía	Aumentar el primer año el 10% en participación Aumentar el segundo año el 5% en participación Seguimiento: Mensual	% Participación de mercado
Disminución de costos de transporte	Agregar a cada vehículo un ahorrador de combustible	Jefe de operaciones: Planificar con el área de compras la adquisición de del ahorrador de combustible según la marca del vehículo Jefe de Taller: Programar juntamente con el área de ventas el día que se	Diciembre 2018	Materiales: Ahorradores de combustible.	3 cambios de ahorradores de combustible por semana Seguimiento: Mensual.	Costo por km recorrido

OBJETIVO	DESCRIPCION	RESPONSABILIDAD	PLAZO	RECURSOS	META Y SEGUIMIENTO	INDICADOR DE META
		efectuara la adición del ahorrador de combustible				
	Sustitución de camiones que tenga más de 10 años de estar operando	Dirección general: Informar el plan de sustitución de camiones (Etapas) Jefe de Operaciones: Adecuación de camión a las necesidades de la organización	Diciembre 2019	Humanos: 1 hora semanal de dedicación personal.	20% de la flota sujeta a cambio cada trimestre Seguimiento: Trimestral	Costo por km recorrido de camiones nuevos

6.3. Planificación de los cambios.

La organización debe determinar los cambios en el SGC a fin de adaptar los cambios al ambiente de los negocios y también asegurar que cualquier cambio propuesto es planeado, introducido e implementado de manera controlada.

El propósito de la planificación de los cambios es mantener la integridad del SGC y la habilidad de la organización para continuar proveyendo productos y servicios conformes durante el cambio. La organización debería considerar acciones que deban reducir impactos negativos potenciales debidos al cambio.

La necesidad de un cambio puede ser determinado de diferentes formas: revisión gerencial, resultado de auditorías, revisión de no conformidades, análisis de quejas, análisis de desempeño de procesos, cambios en el contexto, cambios en los requerimientos de los clientes o de las partes interesadas.

Todos los cambios deben de ser analizados por la Dirección, asegurándose de lo siguiente:
El por qué se debe cambiar
Qué va aportar el cambio, qué se espera de los cambios (indicadores y objetivos)
Qué recursos y necesidades se necesitan
Qué riesgos puede comportar
Estudio de viabilidad
Cómo se va a planificar el cambio
Qué mejoras va a proporcionar a la organización

Es muy importante la participación del personal en los cambios del SGC, esta participación debe ser fomentada y al mismo tiempo debemos tener una metodología para hacerla, se pueden seguir los siguientes pasos: Solicitud de cambio, Registro de solicitudes de cambio, Evaluar las solicitudes de cambio, Implementar el cambio y Evaluar la efectividad del cambio.

Algunos ejemplos de cambios: Plantas de proceso nuevas, Cambios en las líneas de producción, Cambios en procesos y metodologías, Cambios en equipos de medición, Nuevos o cambios en sistemas de información, Cambios en procesos tercerizados, Cambios en personal operativo o gerencial, etc.

7. Apoyo.
7.1. Recursos.

7.1.1. Generalidades.

Para determinar los recursos que deben ser provistos, la organización debe considerar las capacidades actuales de sus recursos internos y cualquier restricción presupuestaria.

Durante la determinación de recursos, la organización puede considerar el análisis costo beneficio, usando el pensamiento basado en riesgos.

A la hora de evaluar limitaciones de los recursos internos, será necesario satisfacer esta demanda por medio de servicios subcontratados, lo que obliga a vigilar a evaluar y controlar el desempeño del proveedor del servicio.

7.1.2. Personas.

La organización de asegurarse de tener al personal correcto para la operación y control de sus procesos y la efectividad del SGC. Las competencias del personal deben tener correspondencia con lo establecido en la cláusula 5.3 Roles, responsabilidades y autoridades en la organización.

No se debe perder de vista la carga de actividades en los puestos de trabajo que pertenecen al SGC y las competencias nuevas que se exigen: actividades operacionales, auditorias, inspecciones, testeo, investigación de reclamos.

La organización debe decidir si tendrá personal propio o subcontratado, en ambos casos el personal debe ser capacitado y evaluado en los procesos específicos que le son asignados.

A la compañía que provee el personal subcontratado se le deben proporcionar claramente los requisitos que debe cumplir y evaluarlos periódicamente.

7.1.3. Infraestructura.

La infraestructura logra primordial relevancia cuando influye directamente en la calidad del producto, la organización debe determinar cuál es la infraestructura que necesita, proporcionarla o buscar alternativas viables que apoyen la efectividad del proceso y finalmente mantenerla, quiere decir darle mantenerla en perfectas condiciones operativas. Importante tener una listado de equipos críticos y repuestos críticos para ellos.

7.1.4. Ambiente para la operación de los procesos.

Todas las actividades cotidianas se tienen que desarrollar en un ambiente, este ambiente es conocido como ambiente laboral, este involucra de alguna forma a la organización y estructura del trabajo, ya que la organización se plasma en el espacio físico, de esta forma el estudio del ambiente laboral comprende factores sociales, psicológicos y físicos, debido a que existe interacción humana en los procesos.

Factores a considerar relacionados con el ambiente laboral	Características
Sociales	No discriminatorio, ambiente tranquilo, libre de conflictos, acoso laboral.
Psicológicos	Estrés, agotamiento, cuidado de las emociones, exceso de control, jornada y horarios laborales no adecuados.
Físicos	Temperatura, calor, humedad, iluminación, circulación del aire, higiene, ruido, distribución de las operaciones, condiciones ergonómicas.
Externos	Estilo de vida fuera del ambiente laboral

Otro término utilizado hoy en día es ambiente laboral es toxico, es un ambiente donde los empleados tienen que lidiar con condiciones de trabajo estresantes o insatisfactorias. Los empleados que trabajan en un ambiente tóxico tienen que lidiar con conflictos de personalidad, intimidación, carencia de motivación o trabajo de baja calidad. Las personas en ambientes de trabajo tóxicos pueden ser menos productivas porque están estresadas. La organización debe determinar, proporcionar y mantener el ambiente necesario para la operación ideal o básica para el buen desarrollo de las actividades.

7.1.5. Recursos de seguimiento y medición.
    7.1.5.1.   Generalidades.

La organización debe asegurarse que proporciona los recursos necesarios para garantizar que la medición y seguimiento sean confiables y evitar problemas en los productos.

Las tipos de los equipos de medición y seguimiento están de acuerdo a la naturaleza de la operación, se debe tener control de estos recursos para que siempre estén en buenas condiciones de operación y que exista personal apto para su mantenimiento y operación correcta. El mantenimiento puede ser interno o externo. Recomendable que exista una bitácora donde se lleve el historial del equipo: datos generales y características del equipo, proveedor y contacto, fecha de adquisición, mantenimientos, actualizaciones, calibraciones, verificaciones, fecha de baja, etc.

Los equipos de seguimiento y medición pueden ser para registrar cantidades, pesos, alturas, fuerza compresión, fuerza elongación, fuerza radial, flujos, temperaturas, colores, etc.

    7.1.5.2.   Trazabilidad de las mediciones

Los equipos de seguimiento y medición deben dar certeza que los datos que están proporcionando son fiables y por lo tanto estos equipos deben estar sujetos a un programa calibración y trazabilidad que incluya lo siguiente:

- Contrato que especifica las condiciones del servicio.
- La compañía externa debe tener certificaciones que avalen que puede realizar los mantenimientos y calibraciones de forma profesional.
- Registros de capaciones del personal en los equipos que le son asignados.
- Patrones certificados y trazables.

- Cronograma de verificación de los equipos que especifique la frecuencia de revisión dependiendo del uso.
- Entrega de certificados de calibración e identifique los equipos según su estatus de calibración y operatividad.

Si la organización tiene su propio laboratorio o personal que ejecuta estas actividades debe cumplir con los puntos exigidos a un proveedor externo.

La organización también debe hacer un análisis de riesgo referente a la criticidad de los equipos de seguimiento y medición que sean imprescindibles para la operación y por lo tanto debe de existir un plan de actuación por si se materializa un riesgo.

7.1.6. Conocimientos de la organización

La base de la organización son las personas, y específicamente el conocimiento que tengan las personas individuales o grupales sobre los productos, calidad, procesos, clientes, maquinaria, equipos, proveedores, materias primas, transporte, negociaciones, sistemas de información, legislación, formulas, recetas etc.; para salvaguardar este conocimiento la organización debe estar preparada y debe ponerlo a disposición cuando sea necesario.

La información clave debe estar documentada, la experiencia de éxitos y fracasos debe ser compartida, así como todos los conocimientos que se han adquiridos en capacitaciones, entrenamientos, pruebas.

La organización deberá decidir cuáles son los conocimientos claves, como se mantendrán y como y a quiénes se les compartirá.

7.2. Competencia.

La competencia laboral es la capacidad para responder exitosamente una demanda compleja o llevar a cabo una actividad o tarea, según criterios de desempeño definidos por la organización. Las competencias abarcan los conocimientos (Saber), actitudes (Saber Ser) y habilidades (Saber Hacer) de un individuo. Así, una persona es competente cuando:

- Sabe movilizar recursos personales (conocimientos, habilidades, actitudes) y del entorno (tecnología, organización, otros) para responder a situaciones complejas.

- Realiza actividades según criterios de éxito explícitos y logrando los resultados esperados.

Bajo este concepto, la organización debe determinar, asegurar y tomar acción para que las personas tengan las competencias que exige el puesto que están desempeñando incluyendo al personal subcontratado, estas pueden estar basadas en la educación, entrenamiento y experiencia. Las competencias deben estar documentadas como una evidencia propia en el perfil del puesto y en el expediente individual de cada persona de la organización.

Cuando en una organización detecta que sus empleados no cumplen con las competencias requeridas, la organización debe tomar acciones para subsanar estas falencias tomando acciones como: re-entrenamientos, re-asignación de funciones, contratar/subcontratar nuevo personal. Después de las acciones tomadas se deben medir la eficacia de las mismas.

7.3. Toma de conciencia.

Toma de conciencia es cuando una persona recapacita sobre algún acontecimiento o hecho, algo que hizo mal y se da cuenta que lo que hizo o hace está mal entonces decide no hacerlo o hacerlo de la manera correcta, eso es tomar conciencia. La toma de conciencia busca que la persona conozca sus responsabilidades y los efectos de las actividades que ejecuta, siendo estas beneficiosas o no.

El personal que trabaja en la organización debe estar consiente de satisfacer las necesidades de los clientes, de la política de calidad, de los objetivos de la calidad en los cuales está involucrado y de participar en la mejora continua del desempeño del SGC.
La conciencia en las actividades desarrolladas debe de ser de forma constante y sin excepciones. Para lograr concientización en el personal se deben tener los objetivos claros, comunicación efectiva con todas las partes interesadas, reuniones constantes con los grupos de trabajo y aportar para la mejora continua de la organización.

7.4. Comunicación.

Cada organización determina sus necesidades de comunicación interna y externa, y busca la forma de que esta comunicación sea efectiva.

Una comunicación efectiva proporciona orientación y aumenta la satisfacción de los miembros de la organización, una forma clara y funcional es la implementación de una matriz de comunicaciones que abarque los puntos más relevantes del proceso o de la organización en su totalidad. Recomendable que cada proceso maneje y administre su propia matriz de comunicaciones.

Que comunicar	Cuando comunicar	A quien comunicar	Como comunica	Quien comunica
Reporte de indicadores	Cada día 5 del mes	A los diferentes líderes de proceso	Vía correo electrónico	Gestor de calidad
Reporte de producto no conforme	Al final de mes	Gerencia de operaciones Gerencia de finanzas Jefe de planta	Vía correo electrónico	Jefe de aseguramiento de calidad
Hallazgos en nómina de empleados	Al revisar la nómina antes de contabilizarse	Encargado de elaboración de nominas Jefe de RRHH	Reporte escrito	Auxiliar de RRHH

7.5. Información documentada.
7.5.1. Generalidades.

La organización debe mantener la información documentada requerida por esta norma, la reglamentaria (de origen externo) si hay alguna ley que lo exija y la propia de acuerdo a lo exigido por el propio SGC.

La información documentada debe estar actualizada y ser de utilidad para lograr la efectividad del SGC. Esta puede ser elaborada física o electrónicamente.

7.5.2. Creación y actualización.

Hoy en día la documentación es creada electrónicamente, aunque esta puede ser usada electrónicamente o de forma digital.

La organización define el formato que utilizara, por orden y estandarización debe respetarse siempre, regularmente debe incluir identificación y descripción, logo de la organización, fecha de vigencia, autor, versión, número de páginas. Dependiendo el tipo de organización la información documentada puede estar en más de un idioma.
Debe definirse una metodología que especifique como se actualizar la documentación: cuando se hará y quien lo hará.

7.5.3. Control de la información documentada.
- 7.5.3.1. La información documentada debe estar disponible en el punto de uso (procesos, departamentos) y protegida de adulteraciones, uso inadecuado o daños que la conviertan en ilegible. El nivel de control depende de la organización.

- 7.5.3.2. La organización debe establecer u sistema para controlar la distribución y acceso a la información documentada, se debe decir donde se almacena y cuanto es su tiempo de retención.
El control de cambios también es considerado y debe definirse como se manejaran la documentación obsoleta.

8. Operación.
8.1. Planificación y control operacional.

Los procesos internos y subcontratados del SGC es necesario que se planifiquen y se controlen a fin de alcanzar los objetivos de calidad trazados, debe asegurarse que se cumplen con los requisitos y que se actúa si hay desviaciones en ellos, también debe enfatizarse en controlar los riesgos identificados que pueden generar cambios en las actividades de los procesos.

Esquema general de control del SGC

8.2. Requisitos para los productos y servicios.
8.2.1. Comunicación con el cliente.

La comunicación con el cliente debe estar estipulada en la matriz de comunicaciones, esta debe ser clara, precisa, oportuna, proactiva y debe enfocarse en determinar los requerimientos de los productos y servicios, obtener la percepción del cliente (preocupaciones, dudas, comentarios, reclamos, cambios/modificaciones en requisitos) y dar confianza al cliente que se pueden satisfacer sus requerimientos bajo condiciones de control incluyendo estados de contingencias.

8.2.2. Determinación de los requisitos para los productos y servicios.

A la hora de obtener los requisitos del cliente, estos pueden ser: Requisitos regulatorios y legales que deben cumplirse, requisitos propios del producto y servicio, requisitos solicitados por el cliente, requisitos internos de la organización; estos requerimientos se deben utilizar para planificar como se entregara lo solicitado por el cliente. Internamente la organización debe evaluar sus recursos y capacidad.

Se puede representar así:

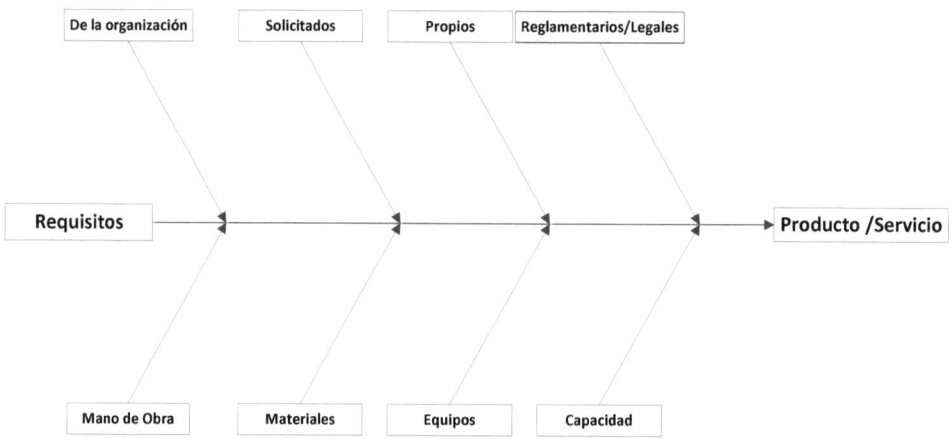

8.2.3. Revisión de los requisitos para los productos y servicios.
    8.2.3.1. Los requisitos internos y externos deben de ser revisados y estar seguro de que se pueden cumplir, cada vez que el cliente solicite un producto o servicio, los requisitos deben ser revisados para constatar que no hay diferencia con los establecidos previamente. Esta revisión minimiza el riesgo de proporcionar productos que no cumplan los requisitos establecidos.

    8.2.3.2. Cuando se revisan requisitos, los resultados de la revisión deben quedar acordados y documentados para evidenciar la conformidad con el cliente. Aplica también a la incursión de requisitos nuevos.

8.2.4. Cambios en los requisitos para los productos y servicios.

Las modificaciones de los requisitos deben ser efectuadas por personas autorizadas y comunicadas a las partes pertinentes. Los requisitos documentados deben ser manejados de acuerdo a la metodología de control de documentos.

8.3. Diseño y desarrollo de los productos y servicios.

Esta cláusula se ha reestructurado para conseguir un control más efectivo sobre el diseño y desarrollo, haciendo mucho énfasis en las responsabilidades del personal involucrado, entradas y salidas, controles, control de cambios, de autorización de cambio y de acciones necesarias del proceso para evitar los efectos adversos que puedan ocasionar en el producto final.

El control de cambios exige que los cambios realizados a los productos estén documentados, esto es para tener una trazabilidad completa de las actualizaciones que sufren los productos a través de todo su ciclo de vida.

8.3.1. Generalidades.

Se debe establecer, implementar y mantener un proceso de diseño y desarrollo, para esto se puede utilizar el diagrama de tortuga.
Para este proceso se debe documentar su análisis de riesgos para poderlos gestionar
Las organizaciones que ya tiene establecida su metodología de Diseño y Desarrollo de Productos pueden seguir utilizándola media vez se cumpla todos los debes exigidos por esta norma.

Ejemplos de técnicas comúnmente utilizadas:

Técnica de los 7 pasos

Lluvia de ideas — El primer paso es generar una idea para el producto. Pregunta a los empleados, especialmente a los que tratan con los clientes con regularidad, para obtener ideas de productos. Encuesta clientes para retroalimentación de los productos existentes. Examina tu industria para ver si hay áreas donde productos útiles no existen. Crea una encuesta en línea para tus clientes o fans de medios sociales. Enumera todas las ideas para un nuevo producto.

Evaluar las ideas — Haz una lista de ideas de producto y compártela con los que tomen decisiones en la empresa, como el equipo de gestión. Discute los pros y los contras de cada idea y reduzcan la lista a sólo un puñado de las mejores ideas, basadas en su potencial para generar ingresos, así como el tiempo y los recursos que tienen para crear realmente los productos.

Evaluación del mercado — Busca retroalimentación de los clientes, empleados y socios sobre qué idea es más atractiva. Pide a tus clientes retroalimentación a través de correo electrónico o llamadas de teléfono. Envía un correo electrónico a los socios y empleados, y pregunta cuál de los productos parece más útil o valioso. Reduce la lista a sólo una o dos ideas de productos.

Análisis — Analiza la idea de producto que quede en una perspectiva de negocio. Determina cuánta, la que sea, competencia existe para productos similares. Determina la demanda del producto y estima todos los costos asociados con el producto, tales como los costos de desarrollo y los costos operativos, para ayudar a determinar el margen de beneficio.

Prototipo y mercadeo — Desarrolla un prototipo del producto, luego compártelo con algunos buenos clientes y socios clave. Pídeles que lo prueben y proporcionen retroalimentación. El equipo de mercadeo debe utilizar esa información para elaborar mensajes de marketing y desarrollar las ideas de campañas de marketing, tales como campañas de correo electrónico, sitios web, vallas o carteles. Basa los mensajes de marketing en los comentarios positivos más comunes o las reacciones de los clientes y socios durante la evaluación del prototipo.

Prueba de mercado — Haz ajustes al prototipo o desarrolla una nueva versión, si es necesario. Desarrolla prototipos adicionales para pruebas de mercado. Haz una pequeña versión del producto en áreas seleccionadas. Ve si el producto se vende bien y evalúa por qué las ventas son altas o bajas. Evalúa el precio y la eficacia de los mensajes de marketing. Un lanzamiento pequeño ayuda a determinar lo que hay que hacer antes de un lanzamiento oficial.

Preparación para el lanzamiento	Comienza la producción de la primera ronda del lanzamiento del producto. Evalúa la cantidad de productos a producir en base a tu análisis del mercado y la demanda del producto. Publicita y habla con los distribuidores de productos acerca de la adquisición del producto, si el producto se venderá en tiendas.

También en esta área existen otras estrategias que buscan el crecimiento donde la meta del negocio es introducir nuevos productos en mercados existentes. Esta estrategia puede requerir el desarrollo de nuevas capacidades y es necesario que el negocio produzca nuevos productos o modifique los actuales para satisfacer necesidades no cubiertas del mercado actual.

Los procesos utilizados en esta estrategia, son la investigación y desarrollo, la política de producto y el análisis de segmentación.

8.3.2. Planificación del diseño y desarrollo.

El proceso se debe planificarse utilizando según mi experiencia siguiendo la metodología de diagrama de tortuga, el cual se representa a continuación:

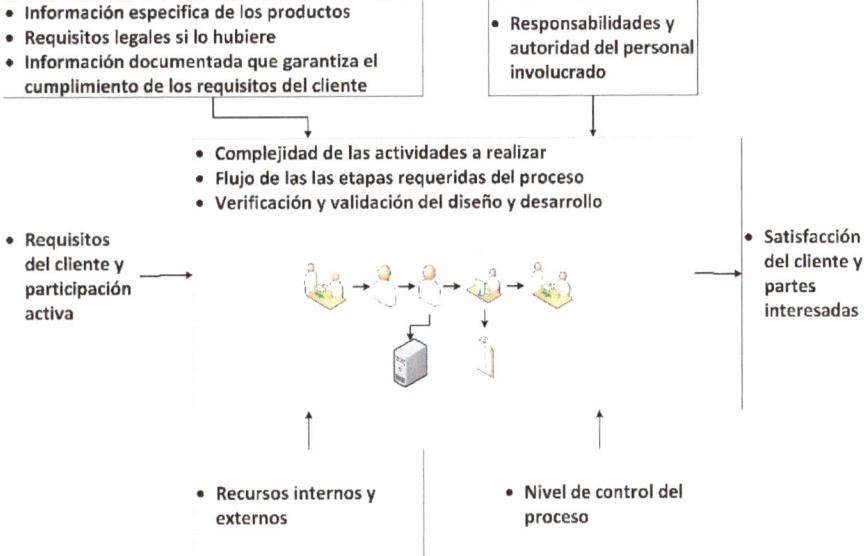

8.3.3. Entradas para el diseño y desarrollo.

Se deben establecer los requisitos claramente definidos (Estos deben estar documentados) para todos los productos involucrados en el proceso, considerando lo siguiente: Requisitos legales, Buenas prácticas operativas, Requisitos operacionales, Análisis de posibles fallas.

8.3.4. Controles del diseño y desarrollo.

La organización debe aplicar control en todas las etapas del proceso y lo puede resumir en una tabla de control del diseño:

Etapa del diseño	Especificación /atributo	Límite de control	Equipo de medición	Muestras a evaluar		Instructivo	Registro de control	Revisa	Verifica	Valida
				Tamaño	Frecuencia					
Etapa 1	Espesor del material	0.5 ± 0.05 mm	Calibrador digital	10	Cada 2 horas	I-010	F-002	Diseñador Jr.	Diseñador Sr	Ingeniero de Diseño
Etapa 2	Peso de la barra	5 ± 0.25 gr	Báscula de precisión	5	Cada 30 minutos	I-011	F-001	Diseñador Jr.	Diseñador Sr	Ingeniero de Diseño

Las actividades de revisión, verificación y validación deben de ser realizadas por personal diferente.

8.3.5. Salidas del diseño y desarrollo.

Debes asegurar que las salidas: Cumplen con los requerimientos de las entradas establecidos, son apropiadas para los procesos siguientes, incluyen los procedimientos de seguimiento y medición, así como los criterios de validación del producto o servicio que lo requiera, especifican las características de los productos o servicios que son esenciales, para el propósito previsto, y aptos, para que se pueda realizar un uso seguro y adecuado de los mismos.

Deberás conservar información documentada sobre las salidas del proceso de diseño y desarrollo.

8.3.6. Cambios del diseño y desarrollo.

Tendrás que identificar, revisar y controlar los cambios que se hayan realizado en el diseño y desarrollo de los productos y servicios, o posteriormente en la medida que sea necesaria para asegurarte de que no haya un impacto adverso en la conformidad con los requisitos. Debe de existir trazabilidad de todos los cambios que se han realizado y conservar información documentada para poder garantizar que el cambio ha sido autorizado y se han tomado las acciones para prevenir impactos adversos.

8.4. Control de los procesos, productos y servicios suministrados externamente.
8.4.1. Generalidades.

Cuando la organización decide que ciertos procesos, productos, materiales deberán ser suministrados externamente, debe implementarse control sobre los proveedores a fin de garantizar el cumplimiento de los requisitos establecidos para estas provisiones, en otras palabras la organización es responsable del cumplimiento de los requisitos establecidos.

Los proveedores externos deberán estar sujetos a un programa donde son evaluados, seleccionados, monitoreados y re-evaluados a periodos establecidos para constatar que están dando el servicio como se ha establecido, eso nos lleva a que deben de existir convenios documentados entre ambas partes.

Los proveedores externos pueden ser evaluados por medio de auditorías a proveedores, afín de conocer como desarrollan sus procesos y si tienen la capacidad de cumplir nuestros requisitos, hoy en día este proceso es conocido como desarrollo de proveedores, donde la finalidad es que el proveedor acompañe a la organización en la mejora continua.

El resultado de estas evaluaciones debe ser enviado a los proveedores así como las oportunidades de mejora si las tuviese y los registros generados de este proceso deben estar documentados.

8.4.2. Tipo y alcance del control.

La organización debe asegurarse de que los procesos, los productos y los servicios se suministran de forma externa y no impactan negativamente la capacidad que se tiene para entregar productos y servicios cumpliendo todos los requerimientos.

La organización tiene que asegurarse que todos los procesos que se suministran externamente están en control del SGC, definir los controles que se aplican a un proveedor externo y los que se aplican a los productos y servicios suministrados y la eficiencia de los controles se aplican por un proveedor externo.

8.4.3. Información para los proveedores externos.

La organización tiene que asegurar de los requisitos son adecuados para la comunicárselo al proveedor necesario para: conocer los procesos, productos y servicios que proporciona, la aprobación de Productos y servicios, métodos, equipos y procesos, libera productos y servicios, la competencia, incluye la calificación requerida de las personas, la interacción del proveedor externo con la empresa, el control y el seguimiento del desempeño del proveedor externo para ser aplicado por parte de la empresa, todas las actividades de verificación que la empresa pretenda realizar en las instalaciones del proveedor externo.

El control que se debe realizar sobre los proveedores depende de: todos los riesgos que se detecten y los impactos que genere, el grado que tenga de control el proveedor sobre su proceso fuera de su organización, la capacidad del control y la capacidad de garantizar la eficiencia de los mismos.

8.5. Producción y provisión del servicio.

8.5.1. Control de la producción y de la provisión del servicio.

Este requisito pretende asegurar que las actividades de producción y operaciones, son planeadas y luego llevadas a cabo en una forma de garantizar el control. Hay muchas maneras diferentes para lograr un control y los métodos pueden incluir procesos controlados, procedimientos, planos, especificaciones de materiales y productos, instrucciones de trabajo, planes de calidad, buenas prácticas operativas en el trabajo y criterios de aceptación en los procesos.

Para controlar el proceso la organización determina correctamente el ciclo total del producto y servicio, desde el inicio definiendo requerimientos hasta la utilización del producto y servicio, esto incluye las garantías del producto. Deberá mostrar también los riesgos en cada etapa.
El ciclo de vida debe estar documentado y cada etapa debe mostrar sus características, requerimientos y controles aplicables.

La información documentada utilizada debe convertirse en un estándar y tiene que incluir los siguientes puntos:

Características de productos y servicios a prestar:	Tienen que estar disponibles las especificaciones de materiales y de los productos en todo su ciclo de producción, esto incluye las condiciones de almacenamiento y manejo. Las instrucciones de trabajo de los equipos a utilizarse.
Recursos a utilizar:	Equipos a utilizarse en buen estado operativo y con calibraciones vigentes.
Actividades de seguimiento y medición:	Un plan de calidad correctamente definido que indique que, cuando, quien, cuando, como monitorear cada punto de control del proceso.
Infraestructura:	Todas las condiciones de infraestructura requerida, pisos industriales, temperatura, iluminaciones, ventilación, flujos de materiales, diseño de las instalaciones, puestos de trabajo.
Personal:	Número de personas requerido por la operación y con las competencias comprobadas para poder desarrollar las actividades asignadas.
Resultados planificados:	Asegurarse que todos los procesos cumplan con su plan establecido. Monitorear el desempeño del producto y servicio en el cliente, tener planes de contingencia por si algo sale diferente a lo planeado.
Prevención:	Entrenamiento al personal, personal con horas de trabajo no excesivas para evitar agotamiento, evitar distractores, inspecciones de verificación, inspecciones automatizadas por cámaras y sensores.
Liberación:	Actividades de liberación final del producto y servicio tienen que ser detalladas y haciendo referencia de los métodos utilizados, ejemplo Tabla Militar o algún otro estadístico.

Un sistema de control sistema de control evita grandemente que producto y servicios no conformes lleguen al cliente.

8.5.2. Identificación y trazabilidad.

La organización debe definir cuál será la metodología para identificar las salidas de cada etapa del proceso, estas salidas deben de tener identificación única y mostrar su estado actual de disponibilidad.
La identificación debe de ser capaz de ayudar a la trazabilidad del producto y servicio: que materiales se utilizaron, en que equipo se elaboró, quienes fueron los operadores, que fecha y hora, quien revisó/autorizó/liberó, producto en buen estado o no, etc.
Esta identificación debe ayudar por si en alguna oportunidad habrá que hacer algún retiro de productos.
Recomendable que se hagan ejercicios de trazabilidad del producto para validar la eficacia de la identificación.

Al cliente se le debe mostrar la fecha de caducidad del producto.

8.5.3. Propiedad perteneciente a los clientes o proveedores externos.

La organización tiene que proteger la propiedad del cliente, cuidarla de que su uso sea estrictamente controlado, muchas veces se tienen a cargo materiales únicos y patentados, ingredientes diferenciados de la competencia, productos promocionales, datos financieros claves, datos confidenciales de clientes.
El cliente confía que sus secretos comerciales están en buenas manos.

8.5.4. Preservación.

Los métodos de preservación deben ser definidos dependiendo de los productos y servicios afín de que no afecten los requerimientos del cliente, importante documentarlos y divulgarlos con todo el personal involucrado.

La preservación debe incluir materiales, productos intermedios, terminados y servicios a terceros (ejemplo: servicio internet, telefónico, etc.) en todo su ciclo desde que llegan a la organización, verificados por medio de una lista de chequeo de recepción hasta el envío del producto y servicio al cliente, lista de chequeo confirmando el estado de la llegada de los productos y servicios al cliente.

8.5.5. Actividades posteriores a la entrega.

La organización tiene que asegurar que los requisitos del cliente se cumplen después de haber entregado el producto y servicio, la responsabilidad no termina al momento de la entrega sino que se debe verificar el desempeño del producto y servicio.

La organización debe cumplir las garantías y en algunos casos el manejo de los materiales de empaque, que son considerados desperdicios en otras palabras debe cumplir todas las obligaciones contractuales.

8.5.6. Control de los cambios.

Los cambios en el proceso de producción o prestación del servicio tienen que quedar documentados (descripción de los cambios en todas las etapas del proceso) y actualizar sus estándares para así evitar la posibilidad de cometer errores. Los cambios deben se documentarse según la metodología establecida de actualización de documentos.
La organización tiene que asegurar que los cambios no afecten los requisitos de los productos y servicios.

8.6. Liberación de los productos y servicios.

Los productos y servicios tienen que ser liberados al estar seguros que se cumplen todos los requisitos establecido con el cliente. Esta actividad tiene que estar documentada incluso las personas que autorizan esta liberación. Estas personas deben estar autorizadas para realizar esta actividad.

8.7. Control de las salidas no conformes.

8.7.1.
Las salidas no conformes (que no cumplen los requisitos) no deben pasar a los siguientes procesos ni mucho menos al cliente externo, podrían existir excepciones si el cliente las acepta pero, esto debe ser negociado y comunicado a las partes interesadas pertinentes.
Las salidas no conformes pueden aplicar cuando ya están en el cliente, estas se convierten automáticamente en reclamos y precisamente eso es lo que se debe evitar. Estas salidas no conformes si llegan al cliente se debe en algunos casos hacer un retiro de los productos.

Deben documentarse las salidas no conformes para evitar su uso no intencional. Hay organizaciones que disponen de espacios físicos donde colocar las salidas no conformes y así se aseguran de tenerlas segregadas para evitar posibles errores.

Las salidas no conformes se pueden tratar de las siguientes formas:

Corrección:	Al detectar una salida no conforme se tiene que enmendar para evitarla. En algunos casos si es permitido se hace re trabajo y reproceso.
Separación:	Se tienen que separar las salidas no conformes para evitar su uso, habrá que identificarlas correctamente.
Contención:	Si el producto ha llegado al cliente, el uso de este producto y servicio no conforme tiene que ser contenido, ya no seguirlo utilizando.
Devolución:	Si el cliente no lo devuelve se tiene que hacer un retiro del producto.
Suspensión de provisión de productos y servicios:	Suspender el aprovisionamiento de este producto y servicio de inmediato.
Utilización bajo concesión:	Se puede continuar con el aprovisionamiento del producto y si el cliente lo autoriza por medio de una autorización.

8.7.2. La organización mantendrá información documentada de todas las salidas no conformes (algunas organizaciones manejan inventario de salidas no conformes), de las etapas que están generando las no conformidades, de las acciones que han sido tomadas, de su eficacia y de todos los recursos envueltos (personas, planes, procedimientos, entrenamientos, etc.).

9. Evaluación del desempeño.
9.1. Seguimiento, medición, análisis y evaluación.
9.1.1. Generalidades.

La organización determinara que medirá, como medirá, como evaluara los resultados, que acciones tomara, quien medirá, que capacitación es necesaria, que recursos se necesitan, cuales son los riesgos del no medir ni evaluar, donde y como documentaremos la medición, quien y como se tomaran las decisiones después de la medición.

Si se mide se controla y mejora.

Hoy en día las organizaciones hacen estudios de repetibilidad y reproducibilidad (R&R) de su sistema de medición:

- Repetibilidad: Qué tanto de la variabilidad en el sistema de medición es causada por el dispositivo de medición.
- Reproducibilidad: Qué tanto de la variabilidad en el sistema de medición es causada por las diferencias entre los operadores.
- Si la variabilidad del sistema de medición es pequeña en comparación con la variabilidad del proceso.
- Si el sistema de medición es capaz de distinguir entre partes diferentes.

Un buen sistema de medición hace más confiable el SGC.

9.1.2. Satisfacción del cliente.

La organización tiene que obtener el seguimiento de la percepción que el cliente tiene sobre la organización misma y el producto y servicio que se le provee. Esta retroalimentación es esencial para la satisfacción de todos sus requerimientos.

Regularmente para obtener la satisfacción del cliente se hace por medio de encuestas, físicas (reportes de visitas a clientes) o electrónicas (sitios web, correos electrónicos, telefónicas). También es válido utilizar la información de las propias evaluaciones que los clientes hacen de sus proveedores, cada día esta modalidad va en aumento.

Se debe obtener la retroalimentación de todos los clientes, aunque si esto no es posible la organización determinan por orden de importancia o criticidad de cuales clientes necesita obtener retroalimentación. La satisfacción no solo debe estar enfocada al cliente externo sino también al interno.
La organización decide la frecuencia de obtener esta satisfacción y como la va a obtener. Los punto a evaluar pueden variar pero regularmente debe abarcar: El desempeño de producto y servicio, el servicio pre venta y post venta, la atención a los reclamos, la rapidez en atender quejas y sugerencias, el cumplimiento de las garantías, exactitud en las fechas pactadas, etc.

También se tiene que establecer el grado de satisfacción que se espera obtener en la evaluación que se hace a los clientes.

9.1.3. Análisis y evaluación.

Los datos obtenidos de la evaluación por parte de los clientes, tienen que ser analizados por el personal asignado a la actividad y reportarlos a la alta dirección a fin de tomar acciones para mejorar la percepción de los clientes y enfocar a toda la organización hacia la mejora en la satisfacción.

Es importante que todos los niveles de la organización conozcan cual es la percepción de los clientes y las acciones que se están desarrollando para mejorar o mantener la percepción. Es necesario es uso de técnicas estadísticas y de representación de datos que ayuden al análisis de los datos.

El objetivo es determinar si el SGC es adecuado y eficaz en la satisfacción del cliente.

9.2. Auditoría interna.

9.2.1. Las auditorías internas son una herramienta imprescindible para el mejoramiento del SGC, esta mantiene una vigilancia continua del cumplimiento de lo establecido como obligatorio dentro del SGC, lo obligatorio con requisitos de la norma, legales, del cliente y los propios de la organización.

Una auditoría es un proceso de verificación aleatorio, pero representativo, que nos permite establecer la eficiencia o la veracidad de un sistema, información o procedimiento. Por definición, una auditoría interna es aquella que es llevada a cabo por personas que prestan sus servicios a la organización.

La organización debe establecer un cronograma de cuando se auditaran los procesos del SGC. Es recomendable que todos los procesos sean auditados al menos 1 vez al año.

La organización debe contar con un equipo de auditores competentes en conocimientos de la organización, dominio de la norma, aptitud/actitud para auditar, redacción de no conformidades y formación constantes. También cada vez es más usual que las organizaciones contraten organizaciones externas para auditar su sistema, estas son llamadas auditorías internas ejecutadas por una segunda parte.

9.2.2. Las auditorías internas tienen que tomar en cuenta lo siguiente:

Programas de auditorías:	Planificación, constancia, seguimiento, objetividad e imparcialidad. El programa de auditoría que evalúe la eficacia del SGC es en suma la reunión de todos los procesos de auditoría que se dan al interior de la organización. A la hora de implementar la frecuencia de las auditorias, la organización tiene que aplicar el pensamiento basado en riegos y la importancia de los procesos ósea su impacto dentro del sistema.
Criterios y alcance de las auditorias:	La base que se aplicara para la auditoria, en este caso el criterio es la norma ISO 9001:2015 y el alcance es que procesos se auditaran en el programa.
Equipo de auditores:	Nombrar quienes formaran el equipo de auditores.
Acciones correctivas	Acciones correctivas generadas por los incumplimientos encontrados en la auditoría.

Los resultados de las auditorias tienen que esta documentadas y disponibles para cuando sea requerida.

9.3. Revisión por la dirección.
9.3.1. Generalidades.

La alta dirección tiene que revisar el desempeño del SGC y verificar si está alineado a la dirección estratégica de la organización. El objeto de la revisión tiene que ser para constar si el SGC es efectivo, tiene que llevarse a cabo en intervalos planificados. Las revisiones pueden llevarse de forma parcial, esto quiere decir que no toda las entradas es necesario que sean revisadas en una sola reunión, pero si todas deben ser revisadas en un periodo anual de forma mandataria.

9.3.2. Entradas de la revisión por la dirección.

Información a revisar en la revisión por la dirección:

Estatus de las acciones derivadas de la revisión anterior, cambios en la situación externa e interna de la organización, efectividad del SGC, adecuación de recursos, riesgos que afectan a la organización y oportunidades de mejora, cualquier otra situación de clientes, empleados, leyes, aspectos económicos, de mercado que afectan el desempeño del negocio.

9.3.3. Salidas de la revisión por la dirección.

Las salidas tienen que mantenerse como información documentada.

La revisión por la dirección debe ser una guía para el desempeño del SGC, apoyarlo con los recursos necesarios para mejorar su efectividad.

10. Mejora.

10.1. Generalidades.

La organización no tiene que mantenerse estática referente a mejorar la satisfacción de los clientes, aprovechando todas las oportunidades de mejora, en otras palabras prevenir los riesgos de cometer no conformidades y efectuar las acciones correctivas por las desviaciones en los procesos, con la finalidad de mejorar el desempeño del SGC y su eficacia.

La mejora puede realizarse en el SGC, procesos y productos y servicios.

10.2. No conformidad y acción correctiva.

10.2.1. Al detectarse una no-conformidad se tienen que seguir las siguientes actividades:

- Identificar el origen de la no-conformidad: interna (salidas no conformes, no se alcanza la meta de un objetivo de calidad, auditoria interna, revisión por la dirección, encuesta de satisfacción de clientes, personal que detecta problemas, sugerencias de gerencias), externa (reclamo de clientes, sugerencia de mejora, auditorias de certificación, auditorias de clientes, auditorias por alguna entidad gubernamental, reclamos por garantías).
- Identificar la acción correctiva de forma única para poder darle trazabilidad.
- Asignar responsable de administrar la no-conformidad.
- Efectuar corrección inmediata la no-conformidad.
- Efectuar un análisis para encontrar las causas raíz del problema. Checar si esta no-conformidad ya es repetida, eso puede dar una guía. Para este análisis se pueden utilizar las técnicas de 5 porqués y diagrama de Ishikawa.
- Describir e implementar las acciones a seguir, colocarle responsables de cada acción y su fecha de finalización.
- Revisar la eficacia de cada una de las acciones implantadas. Habrá que asegurar que la no-conformidad no vuelva a ocurrir.
- Actualizar la matriz de riesgos de los procesos, verificar que estas acciones que generaron la no-conformidad estén en dicha matriz.
- Evaluar si las acciones tomadas generaran algún cambio en el SGC.

Formato ejemplo para registrar acciones correctivas

10.2.2. La información documentada generada por la implementación de acciones correctivas tiene que estar disponible y compartirse con el personal involucrado a fin de que todos estén involucrados y sean sabedores de las acciones que se están siguiendo para evitar una no conformidad.

10.3. Mejora continua.

La organización tiene que mejorar de forma continua la idoneidad, adecuación y eficacia del SGC. Estas mejoras se pueden documentar los llamados Proyectos de Mejora.

Se tiene que considerar todos los resultados del análisis y la evaluación, además de la revisión por parte de la dirección. Se tiene que determinar si existen necesidades y oportunidades que tienen que considerarse como parte de la mejora continua.

La organización tiene que establecer las acciones necesarias para identificar las áreas de su organización que tienen un bajo rendimiento y oportunidades, además de utilizar herramientas y metodologías necesarias para investigar las causas de ese bajo rendimiento y como apoyo para realizar la mejora continua.

SGC Mando de control.

No	Actividad	Descripción	E	F	M	A	M	J	J	A	S	O	N	D
1	Revisión por la dirección	Se revisa el desempeño y la eficacia de todo el SGC.		10						12				
2	AC Revisión por la dirección	Fecha límite para presentar las AC.		20						22				
3	Auditoria de Certificación	Certificación del sistema por una compañía certificadora.						13						
4	AC Auditoria de Certificación	Si se detectan NC deberán presentarse al audito para que las valide						30						
5	Encuesta de satisfacción de clientes	Realizar encuesta a clientes vía correo electrónico.	31											
6	Reporte de Encuesta de satisfacción de clientes	Presentar a líderes de proceso los resultados de la encuesta de satisfacción.		7										
7	AC Encuesta de	Procesos		15										

No	Actividad	Descripción	E	F	M	A	M	J	J	A	S	O	N	D
	satisfacción de clientes	involucrados en satisfacción del cliente deberán presentar sus AC.												
8	Auditoría integral del SGC	Auditoria interna de todos los procesos del SGC.			2-8						1-7			
9	Reporte y NC de Auditoria Integral del SGC	Fecha para entregar las AC debidas a los hallazgos de la auditoría.												
10	Evaluación de indicadores de desempeño	Recibir y evaluar los indicadores de gestión de acuerdo a su meta.	5	5	5	5	5	5	5	5	5	5	5	5
11	AC Evaluación de indicadores de desempeño	Fecha máxima para recibir las AC.	10	10	10	10	10	10	10	10	10	10	10	10
12	Seguimiento de AC	Monitoreo del estatus de todas las AC.	30	28	30	30	30	30	30	30	30	30	30	30
13	Revisión de documentación	Actualizar procedimientos, instructivos, formatos, políticas de SGC										30	30	30

Breve diagrama de implementación del SGC.

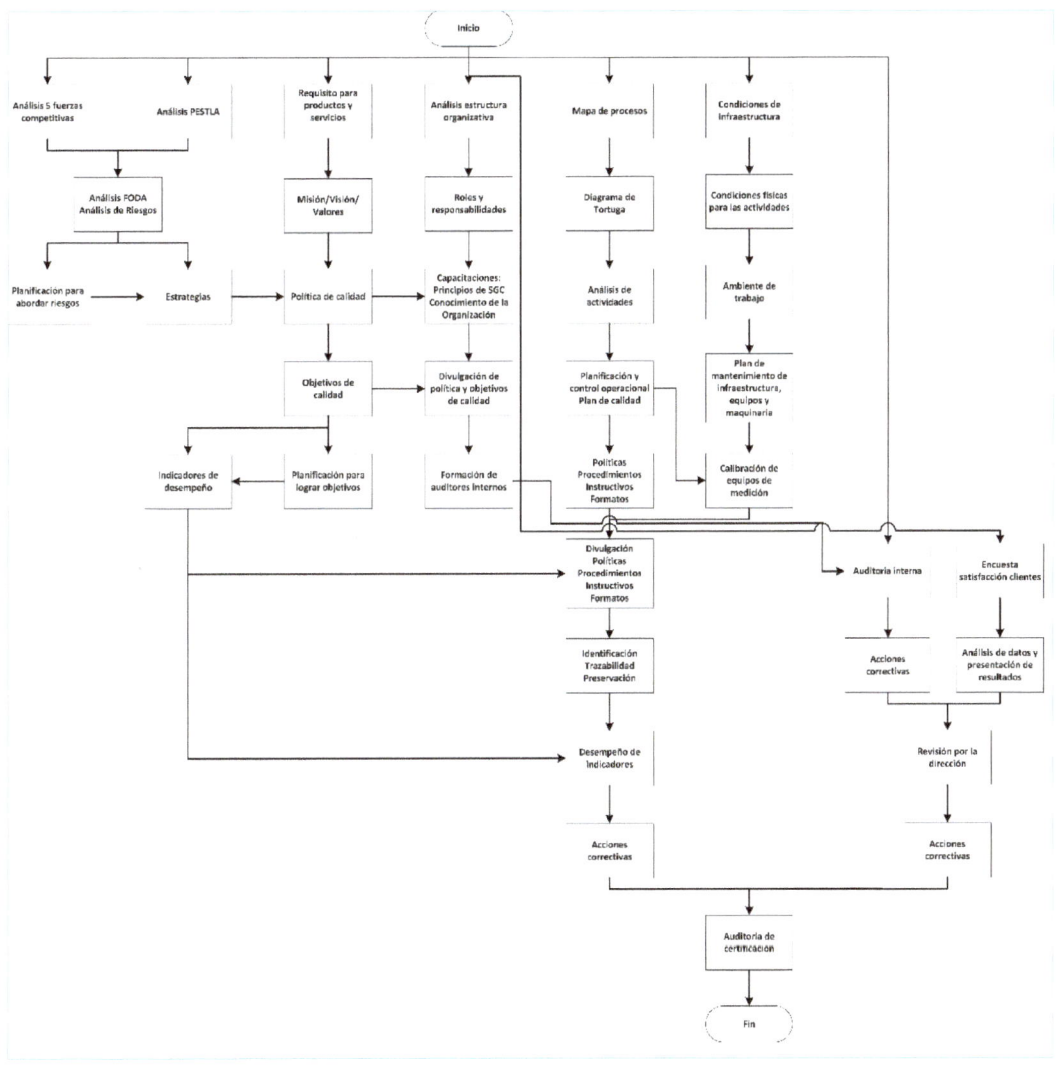

Glosario.

5 Fuerzas competitivas de Porter:	Este modelo establece un marco para analizar el nivel de competencia dentro de una industria, y poder desarrollar una estrategia de negocio. Este análisis deriva en la respectiva articulación de las 5 fuerzas que determinan la intensidad de competencia y rivalidad en una industria, y por lo tanto, en cuan atractiva es esta industria en relación a oportunidades de inversión y rentabilidad. Estas fuerzas son: la posibilidad de amenaza ante nuevos competidores, el poder de la negociación de los diferentes proveedores, tener la capacidad para negociar con los compradores asiduos y de las personas que lo van consumir una sola vez, amenaza de ingresos por productos secundarios y la rivalidad entre los competidores.
Análisis FODA:	Una herramienta esencial para el estudio de la empresa. El análisis FODA es una herramienta de planificación estratégica, diseñada para realizar una análisis interno (Fortalezas y Debilidades) y externo (Oportunidades y Amenazas) en la empresa.
Análisis PESTLA:	Análisis del entorno Político, Económico, Social, Tecnológico, Legal y Ambiental que afecta positiva o negativamente a la organización.
Diagrama de Contexto:	Representa una vista de alto nivel de una organización, define los límites entre la organización y su ambiente; mostrando las partes interesadas externas que interactúan con la organización y el flujo de información que intercambian.
Diagrama de Tortuga:	El Diagrama de Tortuga es un esquema que contiene los elementos de un proceso y adopta la forma de este animal. Dispone de un cuerpo, cuatro patas, una cabeza y la cola: En el cuerpo se representan los procesos y sus transformaciones. Las patas están formadas por los interrogantes clave que debe responder la organización: con qué, cuáles son los requerimientos, cómo emplear los

recursos, métodos a utilizar. Con quiénes se harán las actividades necesarias, y finalmente cómo se medirán esas acciones, indicadores a utilizar. La cabeza alude a los elementos de entrada de ese proceso en cuestión.
La cola es el final, los resultados que surgen de esos elementos de entrada una vez que han sido procesados.

Estrategia:	Acciones de cómo lograr los objetivos.
Información documentada:	Son procedimientos, instrucciones de trabajo, ayudas visuales, dibujos, especificaciones, métricas, reportes, desempeño de indicadores, minutas de reuniones, plan de negocios, objetivos de calidad, riesgos y oportunidades, estrategias, misión, visión, valores y mapas de procesos.
Matriz RACI:	Responsible; Accountable; Consulted, Informed.
Matriz RACI-VS:	Se asignan roles Verify y Sign.
Matriz RASCI:	Se asigna rol Support.
Meta:	Se deriva de un objetivo, tiene la misma intención de un objetivo pero es más específico.
Metodología AMFE:	Metodología que se aplica a la hora de diseñar nuevos productos, servicios o procesos. Su finalidad es estudiar los posibles fallos futuros ("modos de fallo") de nuestro producto para posteriormente clasificarlos según su importancia.
Metodología COSO:	Metodología capaz de abordar la gestión de riesgos en las empresas desde un enfoque integrador y que signifique una gran oportunidad para crear valor para sus partes interesadas o stakeholders.
Metodología IRM:	Metodología del Instituto Británico, son estándares de gerencia de riesgos que considera las consecuencias positivas y negativas en todo tipo de organizaciones y actividades en el corto y largo plazo.
Modelo PEPSC	PEPSC es la sigla que simboliza: Proveedores, Entradas, Procesos, Salidas y Clientes.
Negocio	Cualquier organización pública, privada o sin fines de lucro.
Norma ISO 31000:	Gestión del Riesgo, Principios y Orientaciones.
Objetivo:	Es donde se quiere llegar.
Partes interesadas:	Aquella persona que muestre interés en los negocios de la organización, sin importar si tiene algún vínculo con la misma.
Proceso:	Es un conjunto de interrelaciones o interacciones de las actividades que usan entradas a fin de conseguir los resultados esperados.
Revisión por la Dirección:	Informe de una reunión a los que debe asistir Dirección, el Responsable de Calidad y todos los que consideremos oportuno para revisar el sistema de gestión de calidad y tomar decisiones para el próximo periodo en base a los

SGC: resultados obtenidos en el ciclo que concluye.
Sistema de Gestión de la Calidad.

Referencias.

ISO 9000:2015 Sistemas de Gestión de la Calidad. Fundamentos y Vocabulario
ISO 9001:2015 Sistemas de Gestión de la Calidad – Requisitos

Sobre el autor.

CARLOS H HERNANDEZ, Ingeniero en Sistemas con experiencia en gerenciamiento de plantas industriales y de empaques primarios plásticos para la industria bebidas, estudios de Post Grado en Administración de Empresas, Prevención de Riesgos y Administración de Proyectos. Amplia experiencia en consultoría e implementación de sistemas de gestión basados en Normas ISO, así como Auditor Líder para las normas ISO 9001, 14001, 22000 y OHSAS 18001 además de docente universitario y capacitador empresarial.

Otras Publicaciones.

- HACCP Conceptos Referencia Rápida 1era Ed Esp. 2017.

www.ingramcontent.com/pod-product-compliance
Lightning Source LLC
Chambersburg PA
CBHW051212220526
45473CB00003B/1002